www.ingramcontent.com/pod-product-compliance
Lightning Source LLC
Chambersburg PA
CBHW050023230526
45470CB00003B/1108

مفهوم توانمند سازی
در دوران کار و بازنشستگی

سرشناسه: حسنی، فرزاد، ۱۳۵۸ -
عنوان و نام پدیدآور: مفهوم توانمندسازی در دوران کار و اشتغال/ فرزاد حسنی.
مشخصات نشر: امریکای شمالی/کالیفرنیا/F&H Media
مشخصات ظاهری: ۵۶ص.
موضوع: نقد و بررسی موضوعات اجتماعی
موضوع: توانمندسازی-اشتغال-کارآفرینی-دوران بازنشستگی

مفهوم توانمندسازی در دوران کار و اشتغال/ فرزاد حسنی.
نوبت چاپ: اول- پاییز ۹۶
قیمت: ۷$ دلار
همه حقوق این اثر محفوظ است.

فهرست

دیباچه	5
مقدمه	7
تعاریف مفهومی واژه توانمندسازی	9
مفهوم اصلی توانمندسازی	10
سیر تاریخی توسعه نظریات توانمند سازی	11
ارزش های اجتماعی نهفته در نظریه توانمندسازی	12
اصول توانمندسازی	16
گام های مهم برای توانمند سازی	17
ضرورت و اهمیت توانمندسازی نیروی انسانی	23
نقش مدیران توانمند ساز در فرآیند توانمند سازی	24
توانمندسازی و کارکنان سازمانها	29
محورهای توانمند سازی	33
عوامل مؤثر در فرایند توانمندسازی کارکنان	34
موانع موجود جهت اجرای توانمندسازی	35
توانمندسازی و توسعه اجتماعی	37
اهداف توانمندسازی	38
روند ایجاد هرم توانمند سازی	40

توانمندسازی بازنشستگان با مشاوره شغلی	٤٤
افزایش امید به زندگی	٤٥
علت ادامه اشتغال بازنشستگان	٤٦
ضرورت راهنمایی و مشاوره شغلی	٤٩
سخن پایانی	٥٣

دیباچه

توانمند سازی مفهومی جدید در دنیای کسب و کار است. در دنیای امروز با بالارفتن امید به زندگی به تدریج میزان سال های مفید کاری افراد نیز افزایش می یابد. در بسیاری از کشورهای پیشرفته و در حال توسعه، بازنشستگی و فراغت از کار بعد از سی و پنج و حتی چهل سال خدمت میسر است.

در بسیاری از کشورها نظیر ایران نیز بسیاری از بازنشستگان پس از سی سال خدمت، با توجه به توان و تخصص خود، سال های بعد از بازنشستگی نیز مشغول به کار می شوند و به صورت مستقیم و غیر مستقیم در توسعه و رشد اقتصادی جامعه مؤثر هستند.

متن حاضر تلاش دارد فلسفه توانمند سازی را از دید آکادمیک و دید تجربی ، با ارائه تجارب مدیران ارشد ، تبیین کند .

اعتقاد نگارنده بر این اصل استوار است که توانمند سازی صحیح و دقیق کارکنان در طول دوره خدمت ، منجر به فراهم آوردن فرصت های مهم و حیاتی برای تداوم توانمندی و استفاده از نتایج توانمندسازی در دوران بازنشستگی خواهد بود .

مقدمه

واژه EMPOWER در فرهنگ فشرده آکسفورد «قدرتمند شدن»، «مجوز دادن»، «ارائه قدرت» و «تواناشدن» معنی شده است. در معنای خاص قدرت بخشیدن و دادن آزادی عمل به افراد برای اداره خود و در مفهوم سازمانی به معنای تغییر در فرهنگ و شهامت در ایجاد و هدایت یک محیط سازمانی است. به بیان دیگر توانمندسازی عبارت است از طراحی و ساخت سازمان به نحوی که افراد ضمن کنترل خود، آمادگی قبول مسئولیتهای بیشتری را نیز داشته باشند. توانمندسازی در کارکنان باهوش، دلگرم، درستکار و مطمئن شرایطی فراهم می آورد که در لوای آن زندگی کاری خود را کنترل و به رشد کافی برای پذیرش مسئولیت های بیشتر در آینده دست خواهندیافت. توانمندسازی ضمن تغییر در نحوه نگرش افراد و قضاوت آنها در رابطه با مسائل مختلف فردی و سازمانی، باعث به وجود آمدن این باور در آنها می شود که آزادی و اختیار منابع مطمئنی برای تواناشدن است.

وقتی گروهی از افراد درسازما نها توانمند می شوند:

- روابط آنها با صاحبان قدرت تغییر می کند و در اهداف مشترکشان سهیم خواهندشد.
- افراد توانمندشده در ارتباطات خود با دیگران و صاحبان قدرت مانند شرکتها و دولت تغییر ایجاد می کنند.
- این افراد در کسب و کار و تجارت نیز در روابط خود با دیگرهمکاران، مدیریت و فرایندکاری تغییر ایجاد خواهندکرد.

در حال حاضر، سازمانها وارد عصر جدیدی شده اند. کارکنان، شرکای سازمان و بخشی از گروه شده اند بنابراین، نه تنها ضروری است که مدیران دارای خصوصیات رهبری شوند، بلکه تمام کارمندان هم باید در روش هایی که به کار می گیرند، خود راهبر باشند. این فکر مطلوب، کاملاً دموکراتیک و نشان دهنده احترام برای اشخاص و شخصیت آنها و بسیار اخلاقی است.

با علم به موارد ذکر شده، پرسش این است که:

- چرا کارکنان از این برنامه ها راضی نیستند؟
- چرا مدیران شرکت ها در رابطه با اطمینان و وفاداری کارکنانشان نگران هستند؟
- چرا کارکنان باتوجه به برنامه های توانمندسازی که اجرا می شود نسبت به کار و سازمان بدبین هستند؟

یکی از دلایل اصلی این موضوع را باید در احساس بسیار اندک امنیت کارکنان به خاطر برنامه های تعدیل، تغییر تکنولوژی و رقابت نیروی کار جهانی و از همه مهمتر عدم تعهد و التزام مدیران سازمان ها براجرای توانمندسازی واقعی کارکنان جستجو کرد.

تعاریف مفهومی واژه توانمندسازی

تعاریف گوناگونی از واژه توانمندسازی توسط پژوهشگران و صاحب‌نظران دراین زمینه ارائه شده است. عبارت زیر تقریباً همه مفاهیم موجود در تعاریف ارائه شده را در برمی‌گیرد:

- توانمندسازی عبارت است از شناختن ارزش افراد و سهمی که می‌توانند درانجام امور داشته باشند.
- توانمندسازی نیروی انسانی یعنی ایجاد مجموعه ظرفیت های لازم در کارکنان برای قادر ساختن آنان به ایجاد ارزش افزوده در سازمان و ایفای نقش و مسئولیتی که در سازمان به عهده دارند، توأم با کارایی و اثربخشی.
- توانمندسازی عبارت است از طراحی و ساخت سازمان به نحوی که افراد ضمن کنترل خود، آمادگی قبول مسئولیت های بیشتری را نیز داشته باشند.

- توانمندسازی عبارت است از توسعه و گسترش قابلیت و شایستگی افراد برای نیل به بهبود مستمر در عملکرد سازمان.
- توانمندسازی عبارت است از ارتقای توانایی کارکنان در استفاده بیشتر از قوه تشخیص و تحلیل، داشتن بصیرت در انجام کارهایشان و مشارکت کامل در تصمیم‌هایی که بر زندگی آنها اثر می‌گذارد.
- توانمندسازی عبارت است از آزاد کردن نیروهای درونی افراد برای کسب دستاوردهای شگفت انگیز.
- توانمندسازی در مفهوم سازمانی عبارت از تغییر در فرهنگ و شهامت در ایجاد و هدایت یک محیط سازمانی است .

مفهوم اصلی توانمندسازی

توانمندسازی عبارت است از طراحی و ساخت سازمان و منابع انسانی شاغل به نحوی که افراد ضمن کنترل خود آمادگی قبول مسئولیت های بیشتری را در دوران خدمت و دوران پس از خدمت و فراغت از کار نیز داشته باشند. مدیران که در روابط خود با کارکنان باید بتوانند روحیه توانمندسازی را به آنها انتقال دهند.

آموزش موثر یکی از ابزارهای مهم در توانمندسازی کارکنان برای رسیدن به اهداف سازمانی است. بسیاری از برنامه های آموزشی که در سازمان ها برگزار می شود برای توانمند کردن کارکنان نتیجه معکوس دارد.

برخی از مدیران که توانمندسازی مصلحتی را سرلوحه کار خود قرار داده اند، هیچ گاه به ارزش های اخلاقی در مسئولیت هدایت سازمان توجه نمی کنند. در جریان تواناسازی کارکنان، مدیران باید به وعده ها و تعهدات خود

جامه عمل بپوشانند. در سازمان توانمند، کارکنان نیروی محرکه اصلی به شمار می روند و این کارکنان هستند که با احساس مالکیت، افتخار و مسئولیت افکار خود را خلاقانه پیاده می کنند.

سیر تاریخی توسعه نظریات توانمند سازی

در رابطه با سیر تاریخی توسعه نظریات توانمندسازی «ریچارد کوتو» از دو نوع توانمندسازی نام می برد:

۱- توانمندسازی روان سیاسی که باعث افزایش عزت نفس (احترام به خود) شده و نتایج آن در رفتار با دیگران جلوه پیدا می کند، به عبارت دیگر توانمندسازی مستلزم اعتماد و توقعات و مهمتر از آن توانایی کارکنان درمورد یک تغییر واقعی در رفتار است.

۲- توانمندسازی روان نمادینکه علاوه بر افزایش عزت نفس در کارکنان، باعث تغییر در مجموعه ای از پدیده های غیرقابل تغییر می شود. اجرای توانمندسازی واقعی، مستلزم درک مجموعه ای از تفاوت های روحی و تعهد و التزام مدیران و کارکنان خواهدبود که براساس صداقت و اعتماد متقابل استوار گردیده باشد.

تغییر در فرهنگ، رفتار و ترک عادت های کهنه و قدیمی روش بسیار مناسبی است تا بتوانیم به کمک آن و براساس یک سیستم ارزشی مبتنی بر ارزش های اخلاقی و انسانی، رابطه بسیار نیرومندی بین مدیر و کارکنان به وجود آوریم. این ارزش ها باید به گونه ای طراحی شوند که موردتأیید مدیر و کارکنان باشند.

بنابراین، باید جوی بر سازمان حاکم کنیم که افراد احساس آزادی، احترام، انگیزش و اختیار کنند و ارزش های اخلاقی مثل صداقت، حقیقت، اصالت، اعتماد و اطمینان در سرلوحه کار سازمان و اعضای آن قرار گیرد.

ارزش های اجتماعی نهفته در نظریه توانمندسازی

نظریه توانمندسازی از جذابیت بسیار بالایی برخوردار است. طبق این نظریه تمام مردم دنیا دموکراسی، آزادی و عدالت را دوست دارند. اما آیا توانمندسازی تنها شامل این موارد است و آیا تنها هدف توانمندسازی دموکراسی است؟ اگر اینگونه است، پس چرا در بسیاری از محیط های کاری که دموکراسی و آزادی کامل حکمفرماست، توانمندسازی واقعی مشاهده نمی شود؟

از زمانی که بسیاری از سازمان ها در تصمیم گیری های خود مستقل از دولت ها عمل می کنند، همواره بین ارزش هایی مثل (برابری = عدالت) و (اختیارات = قدرت) اختلاف وجود دارد و این اختلافات به کل سازمان گسترش یافته است. بنابراین، می توان گفت که غیر از موارد پیش گفته، بسیاری از ارزش های دیگر مثل روش های رهبری و ارزش های اخلاقی خاص محیط های کاری در فرهنگ ما وجود دارد که کل سازمان را تحت تأثیر قرار خواهد داد.

چارلز تیلور سه ارزش حاکم بر عصر مدرن که به نظر وی موجب نگرانی زیاد کارکنان و کسالت اجتماعی گردیده است را به شرح زیر بیان می کند:

- فردگرایی (INDIVIDUALISM)
- کارایی اقتصادی (INSTRUMENTALISM)

■ آزادی (FREEDOM)

در محیطهای کاری وجود یک تنش دائمی بین ارزش های فردگرایی، آزادی و کارایی اقتصادی اجتناب ناپذیر است. در جامعه ای که مردم دارای ارزش های فردگرایی و آزادی هستند، رهبران مجبورند از وسایل کنترلی بسیار زیادی برای اداره ناهنجاری های موجود در آن فرهنگ استفاده کنند. برای مثال آمریکایی ها ابتدا عاشق سینه چاک روش های مدیریت ژاپنی بودند، زیرا این روش ها بسیار، نافذ، مؤثر و آزادمنشانه به نظر می رسید. غافل از اینکه آنها از درک این مسئله عاجز بودند که کنترل های اجتماعی به کار گرفته در آن روش ها برای برقراری نظم و زندگی اجتماعی، قبلاً در فرهنگ ژاپنی نهادینه شده بود و آنها نیاز کمی به کنترل توسط رهبران داشتند،درحالی که فرهنگ آمریکا دارای این خصوصیات نبود. کارایی اقتصادی در محیط های کاری بسیار قدرتمند و درعین حال ارزش وسوسه برانگیزی به شمار می رود که بر سایر ارزش ها احاطه دارد. عملکرد مدیران شرکت ها درصورتی اثربخش و مطلوب است که نتیجه کار گروه و کل سازمان و مربوط به اهداف از قبل تعیین شده باشد نه به صورت اتفاقی و تصادفی به وجود آمده باشد. این اهداف ممکن است کسب سود و یا انجام کار بسیار زیاد ،در یک مدت زمان محدود باشد.

علاوه بر ارزش های فردگرایی، خردابزاری و آزادی،ارزش چهارم دیگری به نام «خوشایندی » یا NICENESS را نیز می توان به آن اضافه کرد. ارزش های فرهنگی ما زمانی خوشایند هستند که مقداری احترام با آنها همراه باشد. اما خوشایندی، احترام نیست. احترام در معنای عام آن رفتاری است که شهروندان با دیگر همشهریان دارند مانند وظایف شهروندان برای رعایت ادب و احترام نسبت به یکدیگر و رعایت حقوق خصوصی آنها و به مفهوم

ملاحظات رفتاری با دیگران است. خوشایندی به دست آوردن مقبولیت و اعتماد دیگران برای نشان دادن رضایت از نوع رفتار است.

نظم اجتماعی در یک سازمان به معنای وفاق و سازگاری کارکنان با یکدیگر است، بنابراین، برخورد و بی نظمی از نشانه های شکست رهبری است. خوشایندی یک تصویر چندبعدی در رابطه با مساوات و نظم ارائه می کند.

دیوید رایزمن درکتاب «فریاد تنهایی» بیان می کند، کسانی که از لحاظ روحی خودراهبر یا خودراهنماهستند، سرانجام بر جامعه فائق می شوند زیرا آنها از درون هدایت می شوند و اهداف آنها با هدف های جامعه در یک راستا قرار دارد.

رایزمن مشاهده کرد که افراد با این ویژگی در اجتماع انگشت شمارند، آنها نیاز کمتری به توانمندسازی دارند زیرا هرچه را بخواهند به دست می آورند. وی متداول ترین نوع شخصیت را مربوط به افرادی می داند که ارزش ها، هنجارها، هدف ها و رفتـارهایشان را از دیگر افراد جامعه کسب می کنند و به نوعی از آنها تقلید می کنند، او آنها را «برون راهبر» می نامد.

این افراد کوته اندیش، غیردوست داشتنی و بسیار نامطمئن هستند، آنها می خواهند که دوست داشته شوند و نیاز زیادی به تعلق دارند. این افراد حائز شرایط بیشتری برای توانمندسازی هستند و درصورتی که تحت آموزش های مؤثر قرار گیرند، بسیار توانا خواهندشد.

رایزمن درکتابش جامعه ای را تصور می کند که تحت تسلط افرادی به نام دیگر راهبرها قرار دارد، اینها همان مدیران توانمند و اثربخش امروزی هستند که با خلاقیت های وصف ناپذیرشان درجهت ارضای نیازهای جامعه گام برمی دارند.

درچنین جامعه ای کسب و کار همانند لطیفه ای درنظر گرفته می شود و مدیران به عنوان لطیفه گویانی به شمار می روند که بسیار بشاش هستند و با مشتریان بذله گویی می کنند و آنها را تحت تأثیر قرار می دهند.

بنابراین، برای موفقیت در ارائه خدمت باید از نوعی خوشایندی در رفتار برخوردار باشیم. در کسب و کار و تجارت خوشایندی به معنای عدم وجود تنش در رفتار و ایجاد یک محیط کاری دوستانه است.

فیلیپ ریف درکتابش با نام «موفقیت درمانگر» بیان می کند که حقیقت یک موضوع بسیار بااهمیت شخصی است، او می گوید که در فرهنگ فعلی ما مصلحت اندیشی درمانی جایگزین ارزش حقیقت و حقیقت گویی شده است.

اگر بتوان این فرهنگ حاکم را تغییر داد و ابراز حقایق جایگزین مصلحت اندیشی شود و این موضوع برای همه با اهمیت تلقی شود، برخی از واقعیت ها و رسوم آنقدر آرامش بخش خواهندشد که می تواند باعث خوشحالی و رضایت کارکنان شوند. با این نگرش رهبران وظیفه خود در رابطه با کارکنان برای القاء حس توانمندی در آنها را انجام و به آنها قدرت واقعی می دهند نه قدرت مصلحتی.

ما با مفهوم خوشایندی هنگام مراجعه به یک فروشگاه و یا بانک برخورد کرده ایم، بی تفاوتی به ظاهر دوستانه فروشنده نسبت به مشتریان یا محیط آرام کاری در یک بانک همگی مثال هایی از خوشایندی هستند. این موضوع را می توان یکی از ارزش های پنهان شده در پشت داستان توانمندسازی دانست. مدیران اغلب ظاهر زیبایی از توانمندسازی که به هرج و مرج و عدم کنترل منجر نشود را ترجیح می دهند و به کار می گیرند.

بنابراین، توانمندسازی هم می تواند واقعی باشد و هم به صورت مصلحتی، دروغین و کذب.
از این منظر توانمندسازی عبارتست از نوعی مصلحت اندیشی درمانی.
اهداف چنین توانمند سازی مصلحتی را چنین می توان بر شمرد:

- بهتر شدن موقتی احساس کارکنان نسبت به خود
- حذف تعارض ها
- رضایت خاطر از تعلق به سازمان به نحوی که اهداف موردنظر در سازمان دچار مشکل نشود

اصول توانمندسازی

مطابق با تعریف توانمندسازی ارزش های حامی روش های اجرایی، سبک مدیریتی، نقش ها ورفتارهای توانمندساز می توانند مزایایی برای سازمان و مدیران داشته باشند.

۱۲ اصل توانمندسازی با آنچه کارشناسان می گویند تقریبا همخوانی دارد. این اصول عبارتند از:

۱. برای اجرای توانمندسازی هیچ فرمول جادویی یا دستورالعمل استاندارد وجود ندارد. اجرای توانمندسازی در هر شرایطی ویژگی های خاصی دارد

۲. توانمندسازی در خدمت یک هدف است. توانمندسازی وسیله ای برای رسیدن به هدف است نه اینکه خودش هدف باشد.

۳. توانمندسازی را باید مدیریت کرد.

۴. توانمندسازی وقتی خوب عمل می کند که مبتنی بر ارزش ها باشد.

5. اعتماد و تعهد دو نکته کلیدی محسوب می شوند.
6. مدیران نیز همانند کارکنان باید توانمند شوند.
7. با تعریف مرزهای کاری می توان حدود اختیارات کارکنان را روشن کرد.
8. ارتباطات و اطلاعات شریان های حیاتی یا مایه زندگی توانمندسازی هستند.
9. آموزش توانمندسازی چیزی بیش از اقدامات اصلاحی است.
10. مربیگری و روان سازی بیش از کنترل ونظارت مؤثر است.
11. گرامیداشت و قدردانی از افراد برای موفقیت های آتی لازم است.
12. توانمندسازی فرایندی دشوار و مستلزم صرف وقت است.

گام های مهم برای توانمند سازی

1) ایجاد اعتماد

اعتماد بنیادی ترین احساسی است که هر فرد می تواند آن را تجربه کند. اعتماد زیربنای توانمندسازی و اساس رهبری محسوب می شود. شایسته نیست از اعتماد افراد سوءاستفاده کرده، به آنها خیانت شود.
پرسش این است که چگونه می توان اعتماد میان افراد را تقویت کرد؟
در پاسخ به این پرسش این پیشنهادها را ارائه می دهیم :

- به نقطه نظرات مهم آنان به دقت گوش فرادهید.
- کارکنان را به تبادل اطلاعات آزادانه با یکدیگر تشویق کنید.
- به کارکنان اجازه دهید بتوانند نظرات خود را برای مدیریت عالی سازمان بازگو کنند.

- به کارکنان اجازه دهید طرح های مربوطه را به روش دلخواه خود اداره کنند.

به طورخلاصه، اعتمادسازی یعنی با افراد طوری رفتار کنید که دوست دارید آنگونه با شمار رفتار شود.

۲) تفویض اختیار

باید میان اختیارات و مسئولیت کارکنان تناسب وجود داشته باشد. در محیطی توانمند، کارکنان دانشور معمولاً تصمیمات بسیار کارآمد می گیرند. اگر تفویض اختیار با اعتماد همراه باشد به عنوان محرکی قوی محسوب می شود چون سعی می کنیم به خاطر احساس مسئولیت، کار را با دقت بیشتری انجام دهیم. در بسیاری از خانواده ها، والدین سعی می کنند اختیار خرج کردن پول توجیبی کودکان را به عهده خودشان بگذارند. کودکان از این طریق یاد می گیرند چگونه پول را به بهترین شکل خرج کنند. وقتی به کارکنان اعتماد و آنان را پاسخگوی عملشان کنیم آنها سعی می کنند تصمیمات بهتر و دقیق تری بگیرند. پس چرا چنین اختیاراتی را واگذار نمی کنیم؟

۳) ایجاد انگیزه رهبری

وظیفه رهبران سازمان، برقراری رابطه میان کارکنان با سایر شرکت ها و جهان به وسیله شبکه های اطلاعاتی است. چرا؟ چون کارکنان به این گونه اطلاعات نیاز فراوان دارند. در محیطی توانمند، هر فرد خود را عضوی ارزشمند از اجتماع می داند. والت دیسنی مبتکر برنامه کارتونی تام و جری معتقد بود در یک فیلم علاوه بر بازیگران، کارگردان و تهیه کننده نیز نقش مهمی ایفا می کنند. بنابراین، هیچ لزومی ندارد آنان بخواهند اهمیت نقش خود را به دیگران گوشزد کنند.

این موضوع درمورد مدیران سازمان نیز صادق است، به جای آنکه قدرت خویش را به رخ دیگران بکشند، با عملکرد و ارزیابی دستاوردها، می توان به اهمیت نقش آنان پی برد. تفاوت اصلی مدیریت و رهبری از همین جاست. سهامداران و هیئت مدیره، مدیران را انتخاب می کنند درحالی که رهبران منتخب زیردستان هستند. به اصطلاح رهبران و مدیران ایده آل باید مشابه هم باشند. البته مدیران کامل همان رهبران سازمان هستند. در محیط کاری توانمند، به کارکنان نمی گوییم چه کار کنند چون آنها با دیدن مصادیق یاد گرفته اند در زمان مناسب به طور خودکار اقدام لازم را مبذول دارند.

۴) گسترش ارتباطات عمودی

افراد توانمند دوست دارند به عنوان دریافت کننده و انتقال دهنده نقطه نظرات دیگران به رده های بالای سازمان عمل کنند. به ویژه این نقش را در تصمیم گیری های بنیادین ایفا کنند.

چالش اصلی عصر حاضر، ایجاد شرکت ها و گروه هایی است که دارای اهداف مشترک باشند به طوری که همه سازمان را همانند خانه خویش بدانند. این امر بخشی از فرایند تربیت مدیران آینده سازمان به شمار می آید. شرکت ها و گروه هایی که موفق می شوند ارتباط مؤثری میان کلیه سطوح سازمان برقرار کنند، از مزایای رقابتی فوق العاده ای بهره مند می شوند. شرکت ها به چه چیزی همانند اموال خود اهمیت می دهند؟ شرکت ها فقط ازطریق تبادل اطلاعات و فضای باز ارتباطی میان کارکنان می توانند به این نکته پی ببرند.

۵) تشویق محیط کاری خلاق

مشاغل ذاتاً خلاق نیستند. در درجات مختلف در بعضی از مشاغل فرصت هایی برای خلاقیت پیدا می شود. اما واقعاً کارکنان عنصر خلاقیت محسوب

می شوند؟ در محیط کار رابطه مستقیمی میان توانایی، خلاقیت و موفقیت کارکنان وجود دارد. رهبران باید همیشه درصدد بهبود محیط کار باشند. کارکنان وقتی خلاقند که محیط آنان ویژگی های زیر را داشته باشد:

- افراد را ترغیب کنید کار جدید انجام دهند
- از تغییر استقبال کنید
- همواره سعی کنید ورودی و بازخورد مثبت به جای منفی ارائه دهید
- مسئولیت و اختیار انجام کار را به کارکنان بسپارید
- به مهارت ها و استعدادها احترام بگذارید
- کانال های ارتباطی باز و آزادانه فراهم سازید
- دستاوردها و موفقیت ها را گرامی داشته، پاداش دهید
- محیط حرفه ای باید درکمال قدرت و به درستی اداره شود تا زمینه ساز خلاقیت شود

۶) گسترش رشد حرفه ای

تمام متخصصان می خواهند رشد کرده و مطالب جدید بیاموزند. توسعه حرفه ای در شکل های مختلف ظاهر می شود و شامل:

- رشد فنی و تخصصی
- توسعه و گسترش مهارت های رهبری یا مدیریتی
- آموزش های چندبخشی که از آن بتوان در چند حرفه استفاده کرد
- مشارکت گروه های حرفه ای

رشد تجربیات موجب تقویت اهداف فردی و اعتبار آنان در شرایط مختلف سازمان می شود. در عصر اطلاعات، اطلاعات و دانش می تواند سازمان ها را در شرایط رقابتی مصون بدارد. لازم است توجه مضاعفی به امر فرصت های

مستمر آموزش داشته باشیم. رهبران سازمان باید به امر آموزش همانند کار اهمیت دهد. برای حفظ سطح بالای انگیزش باید محیط کاری بسازیم که در آن تجربیات شخصی افراد رشد یابند.

۷) فراهم کردن منابع لازم

داشتن منابع مناسب باعث می شود که کارکنان مختلف وظایف خود را به بهترین نحوه انجام دهند. تعمیرکاران همیشه می گویند اگر ابزار لازم داشته باشند قادرند هر مشکلی را حل کنند. ازجنبه دیگر در محیط کاری توانمند اگر بخواهید کارکنان مسئولیت های جدید را بپذیرند، باید منابع لازم را دراختیارشان قرار دهید.

این منابع شامل:

- سرمایه و منابع رسمی مالی
- افرادی که نقش خود را می شناسند مطابق آن عمل می کنند
- شبکه های ارتباطی میان واحدها به وجود آورید
- برقراری تماس های خارجی برای جلب حمایتهای لازم و منابع اضافی

بدون وجود منابع لازم، اعتبار بخشیدن به مفهوم توانمندسازی و تبدیل آن به یک مفهوم عینی، شعار و وعده ای پوچ و بیهوده ایست. وقتی منابع به همراه توانمندسازی باشد، کارکنان کاری انجام می دهند که با دیگران متفاوت است.

۸) پاداش و قدرشناسی

به کارهای خوب باید پاداش دهید. مطالعات مختلف و مکرر نشان می دهد که پول همیشه بهترین عامل یا پاداش برای اینکه افراد وظایف خود را به خوبی انجام دهند، نیست. این مطالعات تصریح می کند پول برای متخصصان

حرفه ای که تمایل شدیدی به رشد و پیشرفت شخصی دارند، به هیچ عنوان محرک محسوب نمی شود. راه های فراوانی برای پاداش و قدردانی از کارکنان وجود دارد. حتی اگر سازمان ازنظر بودجه با محدودیت مواجه باشد.

چنین پاداشهایی می تواند شامل:

- تغییر در موقعیت، شغل و مسئولیتها باشد
- گسترش وظایف شغلی
- آزادی عمل در شغل
- پرداخت های جبرانی بابت ایام عدم کارکرد
- پاداش درقبال نوشتن مقاله
- فراهم ساختن دوره های تحصیلی بالاتر یا دوره های آموزشی ضمن خدمت
- اختصاص منابع اضافی و کارمندان بیشتر
- فراهم آوردن فرصت برای ارائه طرح های جدید

قدرشناسی می تواند در قالب اعطای تقدیرنامه، لوح یادبود یا قدردانی در خبرنامه داخلی سازمان باشد. به موازات تلاش برای توانمندسازی کارکنان، نباید نقش پاداش در قدردانی از کارکنان را فراموش کنیم. به عبارتی، پاداش مادی، هنـوز گل سرسبد پاداش هاست و به عنوان یک محرک ارزشمند محسوب می شود.

ضرورت و اهمیت توانمندسازی نیروی انسانی

دلایل زیر را برای ضرورت توجه به توانمندسازی می توان بر شمرد :

۱- مطالعات مهارت های مدیریت نشان می دهد که توانمندسازی زیردستان بخش مهمی از اثربخشی سازمانی و مدیریتی است.

۲- تجزیه و تحلیل قدرت و کنترل در سازمان ها حاکی از این است که سهیم کردن کارکنان در قدرت و کنترل، اثربخشی سازمانی را افزایش می دهد.

۳- تجربیات تشکیل گروه در سازمان دلالت بر این دارد که راهبردهای توانمندسازی کارکنان نقش مهمی در ایجاد و بقاء گروه دارد.

نقش مدیران توانمند ساز در فرآیند توانمند سازی

مدیرانی که قول توانمندسازی می دهند باید بتوانند روحیه توانمندسازی را در روابط خود به کارکنانشان انتقال دهند. ضعف درانتقال این موضوع می تواند باعث بدبینی زیاد کارکنان، بیگانگی، کناره گیری و فقدان روح مسئولیت پذیری در آنها شود.

یک مدیر توانمند ساز برای توانمندکردن دیگران، حداقل یکی از موارد زیر را در ارتباط با آنها انجام می دهد:

- به آنها کمک می کند تا نیرویی که قبلاً داشته اند را شناسایی کنند
- نیرویی که قبلاً در آنها وجود داشته و آن را از دست داده اند مجدداً بازیابی می کند
- بــه آنهــا نیرویــی می دهد که قبلاً هرگز نداشته اند.

به برخی از روش هایی که مدیران در سازمان ها برای توانمندکردن کارکنان به کار می برند، اشاره خواهیم کرد. از آنجایی که این روشها به درستی پیاده سازی و اجرا نمی شوند، عمدتاً نتیجه عکس داده و باعث توانمند نشدن کارکنان سازمان ها و پیروزی این گونه مدیران در رابطه با اهداف موردنظرشان شده است و درواقع می توان گفت که هدف این برنامه ها پیشبرد برنامه های تواناسازی مصلحتی یا دروغین بوده است.

الف) توانمندسازی و آموزش:

بی شک آموزش مؤثر و نافذ یکی از ابزارهای مهم در توانمندسازی کارکنان برای رسیدن به اهداف سازمانی است. برنامه های آموزشی درصورتی مفید خواهندبود که با مشارکت کارکنان و با اتکاء به روش های علمی اجرا و حمایت شوند. بسیاری از برنامه های آموزشی که در سازمان ها

برای توانمندسازی کارکنان برپا می شود نه تنها مؤثر نیست بلکه کاملاً نتیجه عکس دارد.

هدف واقعی برنامه های آموزشی ارتباط بین کارکنان و مدیریت و همچنین مشارکت در برنامه های سازمانی برای بالا بردن انگیزه های کاری است.

متاسفانه بیشتر برنامه های آموزشی که عملیاتی می شوند از کارایی و اثربخشی لازم برخوردار نبوده و حتی ممکن است باعث تخریب روابط بین کارکنان و مدیریت شود.

ب) توانمندسازی و مشارکت

باتوجه به تحقیقات مشارکت کارکنان در سازمان شامل توانمندسازی و کار تیمی است. در ورای این نظریات عقیده ای وجود داشت که مشارکت کارکنان را هسته اصلی دموکراسی می دانست. این مفهوم با آن چیزی که کوتو آن را توانمندسازی روان سیاسی می نامید کاملاً مطابقت دارد.

یکی از مهمترین مشکلاتی که طرح های توانمندسازی در این رابطه با آن روبرو بودند، انتظارات غیرواقع گرایانه درمورد مقدار قدرت و نظارتی بود که کارکنان درعمل به دست می آوردند.

کارکنان مشاهده کردند که روابط آنها با صاحبان قدرت بسیار محدود است، خصوصاً وقتی آنها مرزهای مشارکت را می دیدند ناامیدتر می شدند، زیرا احساس می کردند نحوه مشارکتشان در این برنامه ها کاملاً مصلحتی است و برای تصمیم گیری های واقعی نظر آنها را دخالت نداده و تصمیمات اتخاذ شده توسط خود مدیران درنهایت به منصه ظهور و اجرا خواهدرسید.

ج) توانمندسازی و اتحادیه ها

در طول تاریخ اتحادیه ها تنها مؤسساتی بوده اند که توانسته اند حس توانمندی را به کارکنان القاء کنند، زیرا بین آنها و کارفرمایان قدرت نامنتظمی وجود دارد و به کارکنان قدرتی می بخشند تا ضمن استقلال نسبی در کار در مقابل صدای مهیب کارفرمایان از خود مقاومت نشان دهند.

د) توانمندسازی، گروهها و کیفیت

در دهه ۹۰ توانمندسازی کارکنان جایگزین واژه دخالت یا درگیر کردن کارکنان در کار شد. قرن بیستم با مدیریت علمی و کنترل های فیزیکی در تولید شروع شد و با TQM و کنترل های اجتماعی در کار خاتمه پیدا کرد. اینها هر دو روی یک سکه بودند، مدیریت علمی ذهن افراد را برای تولید کالاها و TQM، کارگران را در گروه ها جای می داد.

گروه ها اشکال بسیار قدرتمندی از کنترل های اجتماعی هستند، تاثیر گروه بر افراد بیشتر از تاثیر فرهنگ سازمانی بر آنهاست.

در رابطه با توانمندسازی، برخی از ارزش های اخلاقی نقش بسیار حساس و مهمی دارند و رعایت آنها باعث تواناسازی واقعی کارکنان می شود. بیشتر مدیرانی که توانمندسازی مصلحتی و دروغین را سرلوحه کار خود قرار داده اند، اکثر افرادی بوده اند که نسبت به این ارزش های اخلاقی بی تفاوت بوده و هیچ گاه تلاش نکرده اند تا آنها را در کار هدایت سازمان به کار گیرند. کاربرد و استفاده از این ارزش ها کاری بسیار ظریف و نیازمند مدیرانی است که خود به ارزش های اساسی و اخلاقی و انسانی پایبند باشند.

مدیران با اعتماد و صمیمی سازمان ها، حامی اصلی کارکنان و انگیزاننده آنها برای کار و زندگی کاری هستند فیشر در کتاب خود در خصوص

شگفتی‌های یک گروه کاری در سازمان های گوناگون، بر روی اعتمادپذیری تأکید زیادی دارد.

وی بیان می کند که ارزش های کلیدی یک مدیر عبارتست از: اعتقاد وی به اهمیت کار، و اینکه کار زندگی است، ضمن اینکه اعتقاد به رشد سریع و همه جانبه اعضای گروه موضوع بسیار بااهمیتی است.

تریلینگ در کتابش با نام «**صمیمیت و درستکاری**» بیان می کند که صمیمیت و درستکاری در جوامع امروز کم اهمیت جلوه داده می شود، این موضوع زمانی با اهمیت تر خواهد بود که تحرک و نقش آفرینی رفتارهای قابل قبولی در یک جامعه پویا باشد.

اگر پایه و اساس سازمان برمبنای صمیمیت و اصالت رفتار باشد کارکنان نگران سازمان بوده و با آن دوست هستند و مدیران تمایل دارند تا کارکنان رشد کرده و توانمند شوند و کارکنان نیز انتظار دارند تا همان احساسی که آنها درمورد سازمان دارند، سازمان در رابطه با آنها داشته باشد.

یکی از بارزترین ویژگی های توانمندشدن مدیران پذیرش مسئولیت تک تک کارکنان است. تواناسازی واقعی به کارکنان قدرت کنترل پیامدها را اعطا و آنها را قادر می سازد تا وظایف محوله را به صورت کامل انجام دهند. درجریان تواناسازی کارکنان، مدیران باید به وعده ها و تعهدات خود که تاکنون عملی نکرده اند، جامه عمل بپوشاند.

در محیط های کاری فقط کارکنانی می توانند کاملاً مسئولیت پذیر شوند، که اختیار لازم به آنها داده شود و به منابع قدرت که باعث نفوذ در دیگران می شود دسترسی داشته باشند.

تئوری مدیریت مدرن شامل دو عقیده است:

- اعتماد

- **قدرت**

مفاهیم اخلاقی نهفته در نظریه توانمندسازی شامل:

- اعتماد
- احترام
- وفاداری

در روابط رهبری و توانمندسازی، واقعیت گرایی و صداقت موضوع بسیار بااهمیتی است. یکی از کاربردهای صداقت در روش های حل تنش بین قدرت و اعتماد است.

دروغ گفتن کار نکوهیده ای است، زیرا دروغگو نشان می دهد که حتی برای شخصیت خودش احترام قائل نیست. این همان دلیلی است که نشان می دهد توانمندسازی مصلحتی و دروغین تاچه حد ویرانگر است. مدیران اغلب از ماهیت متقابل این مفاهیم و ارزش های اخلاقی، خصوصاً وفاداری و مسئولیت پذیری ناآگاه هستند، اگر آنها نتوانند وفاداری و مسئولیت پذیری خود را در زمان های مختلف به کارکنانشان ثابت کنند، نباید انتظار داشته باشند که کارکنان نسبت به آنها وفادار باقی بمانند. بالاخره، اگر مدیران نتوانند یک رابطه اخلاقی که به توانمندسازی واقعی کارکنان منجر شود، ایجاد کنند باید در رابطه با ارزشهای اخلاقی نهفته در آن بیشتر اندیشه کنند.

توانمندسازی و کارکنان سازمان‌ها

رایت میلز یکی از واضح ترین تحلیل ها را درمورد توانمندسازی مصلحتی ارائه می دهد. او می گوید هدف واقعی مدیریت، غلبه بر مشکل خود بیگانگی در یک محیط کاری است. وی معتقد است خودبیگانگی محیط های کاری تحت تاثیر ارزش ها و اهدافی که درهمان محیط وجود دارد، شناسایی و حل می شود.

محیط های کسب و کار بعداز دهه ۱۹۵۰ به صورت خیره کننده ای با محیط های کار فعلی تفاوت داشتند. وایت معتقد است که اخلاق اجتماعی نشأت گرفته از شرافت معنوی است. اخلاق اجتماعی در مفهوم سازمانی به معنای تعهد و التزام و وفاداری کارکنان سازمان است.

وایت نیز عنوان می کند که روانشناسان و مهندسان علوم اجتماعی همواره مردم را از خلاقیت و هویت تهی می کنند. او به تست های شخصیتی که در

موقع استخدام به افـراد داده می شود تا پاسخ دهند، به شدت انتقاد کرده و اظهار داشته است که این تست ها مناسب نیستند و ابزاری است که برای ناتوان نشان دادن آنها به کار می رود.

وایت همچنین می گوید که بیشتر تلاش های نافرجام در اشتراک گرایی، تلاشی بود تا گروه به عنوان یک وسیله خلاق باشد، او معتقد نبود که افراد در گروه ها باید فکر کنند و در آن خلاقیت داشته باشند، بلکه گروه ها را فقط ترتیبی برای اداره کارها می دانست.

طی دهه های هفتاد و هشتاد تب مدیریت برای ثبت حالات روحی کارگران در محیط های کاری بسیار بالا گرفته بود. «**تئوری Z**» از ویلیام اوچی و «**هنر مدیریت ژاپنی**» از ریچارد پاسکال و آنتونی آتوس، جزوپرفروشترین کتاب ها بودند.

در سال ۱۹۸۲ توماس جی پیترز و روبرت اچ واترمن درضمن مطالعاتی که انجام می دادند روشی را ارائه کردند که نقش یک مدیر برای کارکنان خلق ارزش و انگیزه است.

پیترز و واترمن در کتاب «**در جستجوی برتری**» به بیان این موضوع پرداخته و معتقدند در سازمان هایی که یک فرهنگ قوی و غنی تسلط دارند، بالاترین سطوح آزادی عمل رخ می دهد.

این فرهنگ به طرز دقیقی تعداد انگشت شمار متغیرها را کنترل و باعث تشویق مردم برای نوآوری و خلاقیت می شود.

تسلط یک فرهنگ قوی در سازمان بسیاری از مشکلات روحی کارکنان را حل می کند، اگرچه نوع و حدومرز آن توسط همان فرهنگ تعیین می شود. این نوع سازمان طبق نظریات میلز برای رضایتمندی کارکنان طراحی شده است.

کنت بلانچارد نیز در کتاب «**مدیر یک دقیقه ای**» رویایی را تصور می کند که یک مدیر مهربان و درمانگر کسی است که الهام بخش و مسئولیت پذیر است.

تب مدیریت در دهه های هشتاد و نود توسط رهبران سازمان ها این بود که می خواستند قدرتمند، الهام بخش، ماجراجو و دوست داشتنی باشند.

سازمان چه منافعی از توانمند سازی کسب می کنند

برخی از منافع را چنین می توان برشمرد:

۱. بهبود کارکنان / رقابت پذیری / سهم بازار / وضعیت مالی
۲. بهبود کیفیت / خدمات / رضایت مشتری
۳. بهبود و بهره وری/ کارآیی/ ظرفیت تولید/ عملیات/ فرایندها/ برنامه زمان بندی
۴. کاهش چرخه زمان
۵. کاهش هزینه ها / خطاها / دوباره کاری
۶. راندمان بیشتر
۷. توسعه سرمایه گذاری
۸. بهبود روحیه کارکنان/ رضایتمندی شغلی/ تعهد/ خودانگیزشی/ وفاداری
۹. بهبود ارتباطات/ اعتماد متقابل/ کار گروهی
۱۰. کاهش میزان ترک خدمت کارکنان/ غیبت/ شکایت/ گله مندی
۱۱. بهبود روابط میان مدیریت با کارکنان و اتحادیه ها
۱۲. پذیرش آسانتر اعمال تغییرات/ بکارگیری فناوریهای جدید/ پذیرش ریسک/ سازگاری با تغییرات احتمالی
۱۳. بهبود کیفیت تصمیم گیری ها و مدیریت زمان

۱۴. دستیابی به اهداف عالی تر کسب و کار/ آینده ای روشن تر، مطمئن تر و امیدوارتر.

توانمندسازی چه چیزی را برای کارکنان به همراه دارد

در پاسخ به این پرسش، می توان مزایای زیر را برشمرد:

- قدرتمندتر شدن / رسیدن به اهداف سازمان ازطریق کارکنان
- رضایت از بهبود عملکرد سازمانی/ اوضاع/ شرایط/ تغییر دلخواه
- احترام بیشتر/ شان و منزلت/ قدرشناسی/ نگاه بهتر به اوضاع و احوال
- کاهش فشار روانی / بحران کمتر
- فرصت برنامه ریزی بیشتر/ سازماندهی/ تاکید بر موضوع های استراتژیک
- رضایتمندی ازطریق جلب رضایت افراد / رشد/ دستاوردهای معنادار
- لذت بردن از کارهای روزانه
- همخوانی توانمندسازی با ارزش های فردی
- مدیر و رهبر سازمانی مؤثرتر
- کارکنان توانمند به نیازهای مشتریان در حین ارائه خدمات پاسخ های سریع و به موقع می دهند.
- افراد توانا به مشتریان ناراضی در حین عودت خدمات پاسخ های سریع و به موقع می دهند.
- کارکنان توانمند احساس بهتری نسبت به خود و شغلشان دارند.

- کارکنان توانا با مشتریان به گرمی و آغوش باز ارتباط برقرار می کنند.
- کارکنان توانمند می توانند منبع بزرگی از اندیشه های خدماتی باشند.

محورهای توانمند سازی

توانمندسازی می تواند در سه محور عمده ظاهر شود:

۱ – توانمندسازی فردی: به کارکنان به نسبت مسئولیت ها باید اختیارات کافی داده شود

۲ – توانمندسازی گروهی: برای حل مشکلات، بهبود فرایند یا مواجه با چالشها گروههای موقت توانمند به وجود می آیند

۳ – گروه های کاری خودگردان: کارکنان درقالب گروه ها سازماندهی می شوند و به جای رئیس یا سرپرست دارای مربیان یا تسهیل کنندگان هستند.

توانمندسازی یعنی دادن قدرت انجام کار به کارکنان است. توانمندسازی به معنی هرج و مرج یا شانه خالی کردن مدیران از مسئولیت نیست. کارکنان توانمند به صورت انفرادی یا گروهی درقبال کارشان و نتایج آن احساس مسئولیت می کنند و نسبت به سایر کارکنان غیرتوانمند از رضایت شغلی بیشتری برخوردارند که باعث بهبود بیشتر و مستمری می شود.

عوامل مؤثر در فرایند توانمندسازی کارکنان

با توجه به مطالب ذکر شده می‌توانیم در یک جمع‌بندی کلی عوامل مؤثر بر توانمندسازی کارکنان را به شرح زیر بیان کنیم:

۱- مشخص بودن اهداف، مسئولی ها و اختیارات در سازمان
۲- غنی‌سازی مشاغل و ارتقای شغلی کارکنان
۳- روحیات و تعلق سازمانی
۴- اعتماد، صمیمیت و صداقت
۵- تشخیص و قدردانی
۶- مشارکت و کارگروهی
۷- ارتباطات
۸- محیط کاری
۹- بهینه‌سازی فرایندها و روشهای کاری
۱۰- اطلاعات، دانش و مهارت شغلی

دستاوردهای حاصل از اجرای توانمندسازی در سازمان

توانمندسازی کارکنان همانگونه که در بخشهای قبل به آن اشاره شد، استفاده از ظرفیتهای بالقوه در کارکنان است که در زمان حال از آن استفاده کامل نمی‌شود. از جمله دستاوردهایی که سازمانهای توانمند می‌توانند در اثر به کارگیری و اجرای این عوامل به دست آورند، موارد زیر است:

- تامین رضایت مشتری و افزایش آن
- همسویی با نیازهای بازار
- افزایش رضایت شغلی در کارکنان
- افزایش احساس تعلق، مشارکت و مسئولیت در کارکنان

- تغییر طرز تلقی از اجبار به اختیار
- تعهد بیشتر کارکنان و بهبود کیفیت در کارها
- ارتباط بهتر کارکنان با مدیران و سرپرستان
- کاهش هزینه ای عملیاتی و افزایش سودآوری سازمان
- افزایش کارآیی فرایند تصمیم گیری
- بهبود مستمر در سازمان و افزایش بهره‌وری
- خلق ابتکارات جدید و استفاده بیشتر از منابع فکری.

موانع موجود جهت اجرای توانمندسازی

اجرای عوامل توانمندسازی بسیار مفید و باعث افزایش بهره‌وری می‌شود. لازمه اجرای این تکنیک نیاز سازمان، پشتیبانی مدیران ارشد آن و همکاری با کارکنان و عوامل اجرایی در پیشبرد امور است.
موانع اجرای توانمند سازی عبارتند از:

- حاکم بودن ساختار رسمی و سلسله مراتبی
- پایین بودن اعتماد و اطمینان اعضای سازمان به یکدیگر
- نگرش نامناسب مدیران به کارکنان و سبک های مدیریت و رهبری نامناسب
- فقدان مهارت های لازم در کارکنان
- تفاوت زیاد بین افراد در سازمان و وجود سیستم‌های پرسنلی غیرهماهنگ
- تشنج و استرس در محیط کاری.

فنون و ابزارهای خلق توانمندی در سازمان ها

به منظور توانمندسازی کارکنان در سازمان به بسترسازی اولیه و مناسب در محیط سازمان نیاز است. در سازمانهایی که عوامل تاثیرگذار در توانمندسازی به طور کامل و صحیح اجرا می شود، می‌توان اطمینان داشت که بهترین استفاده از نیروی انسانی و درنتیجه بیشترین بهره‌وری در سازمان وجود دارد. ولی برای اجرای این عوامل از چه فنون و ابزاری می‌توان استفاده کرد؟ در ادامه به چند نمونه از فنون توانمند سازی در سازمان ها اشاره شده است :

۱- اجرای نظام پیشنهادها در سازمان
۲- تشکیل دوایر کیفیتی
۳- تشکیل گروه های کاری
۴- ایجاد و به کارگیری سیستم مناسب ارزیابی عملکرد
۵- ایجاد امکانات انگیزشی
۶- غنی‌سازی شغلی

توانمندسازی و توسعه اجتماعی

یکی از نظریه های مشهور توانمندسازی، تئوری "پائولوفریر" است که تئوری آگاه سازی به عنوان فرایندی است که طی آن محرومان می توانند با ساختارهای قدرت درگیر شده و کنترل زندگی شان را به دست گیرند. امروزه این واژه بیشتر در ارتباط با زنان، فقرا و توسعه عنوان می شود به منظور ارائه تعریفی آشکار از نظریه توانمندسازی، تمایز بین فرایندهای توانمندسازی و پیامدهای آن را مورد انتقاد قرار گرفته است. اساس فرآیند توانمند شدن بر تلاش هایی برای در اختیار گرفتن کنترل و نقد کردن منابع و فهم انتقادی محیط اجتماعی افراد، گذاشته شده است.

اهداف توانمندسازی

توانمندسازی در ادبیات توسعه، انتقال ابتکارات به جامعه با رویکرد عدم تمرکز و تفویض قدرت است. تمرکززدایی رویکردی جدید در جهان امروز است که حکومت‌ها، قدرت اجرایی، مسئولیت اقتصادی و برخی امور سیاسی را به مردم به ویژه فقرا اختصاص می‌دهند و در آن مفهوم مشارکت نهفته است.

به عبارتی در توانمندسازی، بحث توسعه مشارکتی در ابعاد مختلف آن مستتر است و این مشارکت ممکن نیست مگر آنکه بخشی از اختیارات و قدرت در میان مردمان جوامع توزیع شود.

اجرای طرح های توانمندسازی باید به نتایج زیر منجر شود :

- کاهش فقر
- افزایش رفاه و کیفیت بالای زندگی
- مشارکت در تصمیم گیری

رابرت چمبرز در بحث تله محرومیت ، با بررسی خانواده‌های فقیر و محیط اطراف آنها ، دریافت که یک دسته موانع به هم گره می‌خورند و باعث تشدید فقر در جامعه می‌شوند . توانمندسازی در جهت نابودی این تله‌است. به گفته چمبرز این تله شامل پنج خوشه است که بیست رابطۀ علی را نشان می‌دهد که در اشکال منفی به هم گره خورده‌اند و مانند یک رشته تار مردم را در دام محرومیت شان گرفتار می‌کنند.

بنابراین در توانمندسازی این خوشه پنجگانه باید از بین برود تا افراد فقیر و قشر حاشیه‌ای جامعه را به مشارکت بطلبد.

چمبرز، فقر را قوی‌ترین عامل تعیین کننده مشارکت یا عدم مشارکت می‌داند. زیرا فقرا در مقابل هزینه‌های زندگی دچار مشکلات عدیده شده و

هر روز به حاشیه رانده می‌شوند و نمی‌توانند برای خانواده خود، امکانات مناسبی را فراهم کنند. از این رو، فقر عامل بسیار مهم در میزان مشارکت مردم در امور جامعه است و اگر این عامل در جامعه زدوده نشود، مشارکت معنی نخواهد داشت.

از طرفی ناتوانی فقیران در پرداخت هزینه‌های زندگی به خاطر فقر، به انزوا و حاشیه کشیده شدن‌افراد منجر می‌شودو این انزوا همان چیزی است که هدف توانمندسازی، از بین بردن آن است و در نقطه مقابل آن قرار دارد، زیرا در اجرای طرح های توانمندسازی، مشارکت مردم اصل است، در صورتی که انزوا، به گوشه‌گیری و در حاشیه بودن، دلالت دارد.

در جوامع توسعه یافته، مردم نه تنها در حاشیه نیستند،بلکه بازیگران اصلی در طرح ها و در تعامل با مراجع تصمیم گیری و اجرا هستند.

انزوا ،به معنی فقدان آموزش، دور افتادگی، خارج از دسترس بودن، فقر را تشدید می‌کند و همه اینها مانع توسعه و مشارکت است.

انزوا با نزول و یا فقدان ارتباط دارد. فقرای بی قدرت نمی‌توانند به منابع دسترسی داشته باشند و نداشتن منابع و امکانات، آنان را آسیب‌پذیرتر می‌کند.

آسیب‌پذیر کسانی هستند که با یک اتفاق (نظیرمرگ اعضای خانواده و یا مریضی سخت) در زندگی، فقیر می‌شوند واین فقر، خود را قالب های ضعف جسمانی و روحی نشان می‌دهد.

نهایت اینکه منظور از قدرت بخشی واولویت به فقرا، فرآیندی است که طی آن، دسترسی افراد فقیر را به هر یک از منابع قدرت، تصمیم‌گیری را در حوزه‌های فردی گسترش می‌دهد. به همین دلیل توانا کردن افرادی که به شکل‌های گوناگون فقیر و بی قدرت شده اند و یا در جامعه در انزوا هستند،

از اهداف طرح های توانمندسازی است. به عبارتی توانمندسازی، تحقق توسعه مشارکتی است.

روند ایجاد هرم توانمند سازی

اگر سازمانها و گروه ها بتوانند هشت گام توانمندسازی را در محیط کار یا حوزه مسئولیت خود به اجرا درآورند، در آن صورت می توانند از میان کارکنان خود رهبران آینده سازمان را تربیت و انتخاب کنند و افزون بر آن می توانند به صورت غیر مستقیم بر شیوه زندگی کارکنان خود در دوران پس از پایان خدمت و بازنشستگی نیز تاثیر گذار باشند و آینده آنها را نیز بسازند و به صورت غیر مستقیم در توانمند کردن آنها در دوران پس از بازنشستگی نیز موثر باشند.

عوامل مؤثر بر توانمند سازی تعاونی ها

امروزه تعاون اهرم مناسبی برای توسعه اقتصادی و اجتماعی به شمار می رود و می تواند در بهره وری بهینه از شرایط زندگی، کار، تولید و ارتقای سطح درآمد و وضعیت اجتماعی جامعه مؤثر باشد.

تجربه کشورهای توسعه یافته نشان می دهد تعاونی ها بهترین سازمان هایی هستند که موفق شده اند اسباب تجمع نیروهای پراکنده و متفرق و در عین حال با استعداد و با انگیزه را فراهم سازد. استفاده بهینه و توانمندسازی بخش های اقتصادی هدف اصلی است. با توجه به اهمیت بخش تعاون در اقتصاد

ایران، از دیدگاه مبانی نظری و قابلیت های بالقوه این بخش، عوامل مؤثر و راه های فعال سازی این ظرفیت بیش از پیش اهمیت یافته است.

مدیریت و نقش آن

براساس قانون تعاونی، رهبری تشکیلات تعاونی برعهده هیأت مدیره و مدیریت این شرکت ها بر عهده مدیر عامل و سایر مدیران اجرایی است. از آنجا که تعامل اعضا و دموکراسی از مهمترین جنبه های کلیدی فعالیت های تعاونی محسوب می شود، ایجاد و شکل گیری اصل مدیریت تعاون، شرکت های تعاونی را قادر می سازد به طور حرفه ای به فعالیت بپردازند.

مدیریت مشارکتی از طریق به کارگیری سیستم های غیر متمرکز در شکوفایی استعدادها و خلاقیت ذهنی کارکنان بسیار مؤثر است. این سبک از مدیریت برای بهبود کیفیت بوده و بزرگترین عامل ترقی در سازمان تلقی می شود و همراه با افزایش بازدهی و کاهش هزینه است. مشارکت در مدیریت تعاونی ها باعث می شود کارکنان نه تنها وظایفشان را بشناسند بلکه بدانند چرا باید آن وظیفه را انجام دهند. بنابراین عاملی که چهره تعاونی ها را جذاب می کند مشارکت است.

عوامل سازمانی و نقش آنها

نکته ای که در مدیریت تعاونی ها حائز اهمیت است و معمولاً شرکت های تعاونی از آن غافلند، این است که تمام شرکت های تعاونی باید سازمان و مدیریت صحیح و روشنی داشته باشند، در حالی که در هیچ یک از شرکت های تعاونی فعلی، نظام مشخص و روشنی برای کنترل وجود ندارد.

به علاوه بین وظایف و مسئولیت های تعاونی مرز مشخص تعیین نشده، حتی گاه سلسله مراتب دقیق که لازمه دوام و بقای هر سازمانی است در این

شرکت ها دیده نمی شود. سازمان های پویا، سازمان هایی هستند که با فراگیری و آموزش مستمر، بستر مورد نیاز برای پویایی و تغییر را فراهم کرده اند. بنابراین تعاونی ها باید علاوه بر طراحی مناسب ساختار سازمانی، در ساختار خود تجدید نظر کرده و فعالیت های خود را به مقیاس وسیعی در انجام فرآیند ارزش افزوده گسترش دهند.

نقش عوامل اقتصادی در تعاونی

تعاونی ها می توانند یک اهرم مناسب برای توسعه اقتصادی به شمار آیند که همگام با سیاست های دولت در بهبود شرایط زندگی، کار، تولید و ارتقای سطح درآمد و وضعیت اجتماعی مردم مؤثر باشند. هدف از توسعه بخش تعاون در ممالک در حال توسعه این است که از این طریق نه تنها به نوسازی شیوه های کهنه اقتصادی پرداخته شود، بلکه شرایط اقتصادی- اجتماعی عادلانه تر نیز برقرار گردد.

یکی از مشکلات و مسائل اساسی توسعه کشورهای توسعه نیافته و در حال توسعه، کمبود سرمایه است. تشکیل و توسعه شرکت های تعاونی در مناطق شهری و روستایی، بهترین راه تجمع امکانات مالی اندک افراد متوسط جامعه و طبقه کارگر و کشاورز است. سرمایه تعاونی ها که در حقیقت نقدینگی آنها محسوب می شود، نقش مهمی در توانایی این شرکت ها برای تأمین کالای مورد نیاز اعضا و مشتریان شرکت و در نتیجه افزایش رضایت آنان دارد. پس انداز و انباشت منجر به تشکیل سرمایه شده و سرمایه گذاری می شود. سرمایه گذاری نیز راز بقای تولید است. در واقع شرکت های تعاونی به ایجاد اشتغال برای نیروی کار و افزایش مهارت آنها منجر می شوند. به این

ترتیب شرکت های تعاون علاوه بر ایجاد اشتغال به کسب درآمد نیز کمک کرده است.

عوامل اجتماعی

انسان ها چون فطرتاً اجتماعی هستند، به ناچار زندگی آنها هم بر پایه اجتماعی بناشده است و این ضرورت، مشوق آنها است تا مشکلات و نارسایی های روزمره خود را با تشریک مساعی و تعاون مرتفع ساخته و در راه رسیدن به هدف و زندگی سالم اجتماعی گام های مؤثری بردارند.

یکی از اصول اساسی تعاون آزادی عضویت اعضا در تعاونی برای کلیه افرادی است که بدون تبعیض های سیاسی، مذهبی، جنسی و اجتماعی ،امکان مشارکت در تعاونی و برخورداری از مزایای آن را دارند. از این رو تعاونی ها محل اجتماع افرادی هستند که با سطح ثروت ، سواد و شئون شخصی متفاوت بر پایه تساوی و برابر با یکدیگر ارتباط برقرار می کنند و بدین گونه حس اعتماد به نفس، اهمیت به شأن انسان و احساس تعلق درآنها بارور می شود.

تعاونی ها از طریق واگذاری اختیار به مردم، توسعه خدمات اجتماعی، حمایت و حفظ طبیعت اشتغالزایی و ایجاد فرصت هایی برای پیشرفت و ترقی زنان، منجر به رشد و توسعه اقتصادی، اجتماعی و در نهایت بهبود عملکرد شرکت های تعاونی می شوند.

آموزش و فرهنگ سازی لازمه توسعه تعاون

آموزش صحیح و کارا پایه و اساس شروع هر فعالیتی است. آموزش تعاونی و اقتصاد تعاون به عنوان یک ضرورت آموزشی در مقاطع تحصیلی می تواند

تفکر تعاونی را به عنوان یک تفکر پویا در جامعه رشد دهد. یکی از مسائلی که می تواند پویایی و بالندگی اقتصاد تعاون را درپی داشته باشد فعالیت های تعاونی و آموزش آنها در آموزشگاه هاست. آموزش تعاون در مدارس باید از همان کودکی آغاز شود ضمن این که این آموزش باید به صورت نهادینه و کارشناسی شده ارائه شود.

برای آموزش تعاون و اقتصاد تعاونی می توان چند نوع زمینه فعالیت درنظر گرفت. آموزش عموم (ترویج)، این نوع از آموزش باید به صورت فراگیر در آموزشگاه ها و رسانه ها صورت گیرد و زبان بیان آن نیز به صورت ساده، رسا و کارا باشد. آموزش درون تعاونی ها؛ این نوع از آموزش برای اعضای تعاونیها است که هرکدام در زمینه خاصی فعالیت می کنند. هدایت اعضا و بالابردن سطح آگاهی اعضای تعاونی ها در هدایت و تشویق و پویایی تعاونی ها بسیارمهم است و این نوع آموزش در ساختار بخش تعاون متولی قوی و کارشناسانی پویا لازم دارد. درحال حاضر وزارت تعاون آموزش های مختصری در زمینه حسابداری و قوانین و مقررات ارائه می کند.

توانمندسازی بازنشستگان با مشاوره شغلی

بازنشستگی را می توان زمانی تعریف کرد که فرد به طور معمول در آن زمان ازحالت اشتغال خارج می شود و طبعاً بدون اینکه به کاری مشغول باشد، باید گذران زندگی نماید. با این حال، بعضی از افراد ممکن است در دوران بازنشستگی نیز به برخی مشاغل روی آورند. این مشاغل ممکن است

اختیاری و گزینشی و به واسطه تمایلات روانی و اجتماعی و یا بر اساس نیاز های مالی و مادی باشند .

سن بازنشستگی در کشورهای مختلف متفاوت است، اما معمولاً افراد بین ۵۵ تا ۶۵ سالگی بازنشسته می شوند . هرچند ورود به دوره بازنشستگی برای تعدادی از بازنشستگان ممکن است یک رویداد خوب و لذت بخش محسوب شود، برای بسیاری دیگر زمانی برای ورود به یک مرحله جدید و به تبع آن نیازمند ارزیابی و سازگاری مجدد، و حتی گاه دوره ای همراه با نا امیدی و یأس است .

افزایش امید به زندگی

در جوامع امروزی با بهبود کیفیت زندگی ، افزایش امید به زندگی بیشتر می شود . امروزه به واسطه افزایش طول عمر، افراد پس از بازنشستگی هنوز سال های زیادی را پیش رو دارند که حتی در مدت زمان قابل توجهی از آن توان جسمی و آمادگی و تمایل روحی برای اشتغال و پذیرش مسئولیت های شغلی را نیز دارا هستند . علاوه بر افزایش طول عمر، کاهش میانگین سن بازنشستگی در برخی کشورها نیز ایجاب می کند مسائل و مشکلات این دوره از زندگی افراد بررسی شود و برنامه ریزی لازم برای آماده سازی آنان جهت مواجه شدن با پدیده بازنشستگی و سازگاری پس از آن، به ویژه بهره مندی از یک زندگی توأم با احساس مفید بودن و نشاط صورت گیرد.

با توجه به افزایش امید به زندگی و بروز پدیده سالمند شدن جمعیت در بسیاری از کشورهای جهان و از جمله کشور ما ، می توان انتظار داشت این وضعیت بر بسیاری از جنبه های اجتماعی و اقتصادی و فرهنگی تأثیر گذارد .

بروز پدیده سالمند شدن به این معناست که افراد بازنشسته سال های زیادی را پس از بازنشستگی زندگی می کنند، به گونه ای که می توان آن را یک دوره زندگی نسبتاً مشابه سال های قبل از بازنشستگی و اشتغال دانست. اهمیت این دوره در آن است که فرد علاوه بر آن که سال های زیادی زندگی می کند، که ممکن است قریب نیمی از زندگی او تا ورود به مرحله بازنشستگی باشد، از نظر شخصیتی و اجتماعی به تکامل رسیده و علاوه بر آن دارای مهارت ها و تخصص های شغلی معینی نیز هست. به همین خاطر است که تمام یا بخش عمده ای از دوره پس از سال های بازنشستگی را می توان همراه با توان اشتغال و باروری ذهنی، اقتصادی و اجتماعی بهشمار آورد.

علت ادامه اشتغال بازنشستگان

نیازهای افراد در زندگی فردی و همچنین اجتماعی- اقتصادی، علل تمایل به ادامه فعالیت و اشتغال پس از بازنشستگی را توجیه می کند. بازنشستگان خواهان آسایش و امنیت و همچنین رفاه نسبی یعنی بهره مندی از امکاناتی هستند که داشتن حداقلی از آن ها باعث آرامش معنوی و مادی در زندگی می شود. علاوه بر اینکه نیازهای مادی، فرد را به انجام فعالیت پس از بازنشستگی وادار می‌کند، فعالیت کردن و در تلاش بودن به عنوان یک نیاز روانی به فرد احساس مفید بودن و سودمندی می‌دهد. از سوی دیگر، جامعه از لحاظ اجتماعی - اقتصادی نیز به فعالیت بازنشستگان نیازمند است.

برخی مطالعات در کشورهای پیشرفته حاکی است اغلب افراد پس از بازنشستگی تمایل به اشتغال نشان می دهند و حتی برخی از آنان به صورت فردی، خانگی یا سازمانی شاغل می شوند. این تمایل به اشتغال ممکن است

برای یک دوره زمانی حدوداً ۱۵ سال ادامه یابد، چون بعد از آن افراد معمولاً کمتر میل و به ویژه توان کار و اشتغال دارند. باید توجه داشت که تمایل به اشتغال تا حدود زیادی از شرایط مالی و میزان مستمری های فرد بازنشسته نیز تأثیر می پذیرد و در صورت تأمین مالی ممکن است تمایل به اشتغال کاهش یابد.

مزیت های بازنشستگان برای اشتغال مجدد

بازنشستگان دارای اطلاعات و تجارب شغلی ارزشمندی هستند که جامعه و خصوصاً جوان ترها به نحوی از آن منتفع می گردند. بازنشستگان می توانند با بهره گیری از دانش و تجربه ای که حاصل حدوداً ۳۰ سال تجربه شغلی و خدمت آن ها است، نقش قابل توجهی در کارآفرینی و تولید اشتغال در حوزه تجارب مربوط به خود داشته باشند. علاوه بر ارزش و اهمیت موضوع مذکور، گاهی اوقات برای فرد بازنشسته، مقبول بودن در خانواده، گروه و روابط اجتماعی و پذیرش در جمع و احساس ارزشمندی در بین دیگران، بیشتر از پاداش های مادی و افزایش حقوق، در افزایش رضایت روحی و روانی وی تأثیر دارد.

موضوع اشتغال بازنشستگان دارای دو وجه تا حدودی متناقض است. از یک سو باید به این نکته توجه کنیم که فرد بازنشسته پس از یک دوره نسبتاً طولانی و مستمر کار و تلاش، نیازمند برخورداری از رفاه و استراحت و بهره مندی از امکانات رفاهی و حمایتی جامعه است. از سوی دیگر دو دسته عوامل ادامه اشتغال یا اشتغال مجدد، بویژه برای بازنشستگان جوان را

ضروری می سازند. این دو دسته عوامل، یکی نیازهای روانی و اجتماعی و احساس مفید بودن است و دیگری نیازهای مالی و مادی هستند.

نگاهی به آمار

بر اساس آمارهای ارائه شده از منابع غیر رسمی، هم اینک حدود ۳۰ درصد از بازنشستگان دوباره مشغول به کار می‌شوند. برخی آمارهای جهانی نیز حاکی از فعالیت تقریبی ۲۰ درصد افراد بالای ۶۵ سال است که از سال ۱۹۸۰ تاکنون این روند ادامه داشته است. هر چند در برخی کشورهای پیشرفته این آمار به ۳ درصد یا کمتر از آن هم کاهش می‌یابد.

در کشور ایران، بر اساس آمارها و شواهد موجود، در حال حاضر برخی از بازنشستگان (پس از ۳۰ سال خدمت) دوباره وارد بازار کار شده و به فعالیت می‌پردازند. اگر چه آمار دقیقی از جمعیت بازنشستگان شاغل وجود ندارد، اما آنچه آخرین اطلاعات مرکز آمار ایران نشان می‌دهد (آبان ۱۳۸۵) نزدیک به ۲۸ درصد جمعیت ۵۵ سال و بالاتر در زمره جمعیت فعال کشور می‌باشند که حدود ۲۷ درصد آن‌ها شاغل هستند.

ضرورت راهنمایی و مشاوره شغلی

در گذشته انتخاب مشاغل توسط افراد بسیار متفاوت تر از شرایط کنونی بوده است . جوانان خانواده معمولاً مشاغل و حرفه خود را به صورت موروثی از پدران خود دریافت می کردند و در نتیجه مشاوره شغلی چندان مفهوم و اهمیتی برای آنان نداشت . اما با شروع پیچیده تر شدن جوامع ، گسترش یافتن حرفه ها و مشاغل متعدد ،متخصصی تر شدن حرفه ها و احساس نیاز به همخوانی بین توانایی فرد و نوع حرفه ، نیاز مرکز صنعتی و به افراد ماهر ، افزایش بی رویه جمعیت جوان کشورها و افزایش دانش آموزان و... زمینه و احساس نیاز بوجود فرآیندی با عنوان **راهنمایی شغلی** را فراهم ساخت.

شغل و حرفه فرد از آنجایی که بخش عمده ای از زندگی او را به خود اختصاص می دهد و به عبارتی انسان ساعات زیادی از وقت خود را در محل کار خویش و درگیر حرفه خویش می گذارند ، اهمیت بسزایی دارد . چنین شرایطی اگر چنانچه با شرایط و توانایی ها و علایق فرد همخوانی نداشته باشد ، به عدم رضایت شغلی خواهد انجامید .

مشاوره شغلی چیست ؟

مشاوره شغلی عبارت است از تعیین یک حرفه که با استعدادها و امکانات و خصوصیات روانی و جسمی فرد سازگار و هماهنگ باشد . به عبارتی در این شاخه راهنمایی و مشاوره دو دسته اطلاعات مورد بررسی قرار می گیرند. یک دسته اطلاعات مربوط به مشاغل و دسته دیگر مربوط به ویژگی ها و استعدادهای فرد و در جریان مشاوره تلاش می شود تا هماهنگی و تناسب بین این دو دسته اطلاعات مشخص شود و تعیین گردد تا چه اندازه ای شرایط مربوط به یک حرفه با توانایی ها و ویژگی های فرد سازگاری دارد. اهداف مشاوره شغلی به اختصار شامل موارد زیر است :

۱- شناسایی کامل توانایی‌ها ، استعدادها ، رغبت‌ها و محدودیت‌های فردی ؛ این ویژگی‌ها تمام توانایی‌های جسمی، روانی و محدودیت های جسمی ، روانی و اجتماعی فرد را در بر می گیرد.

۲- شناسایی مشاغل متعدد و آگاهی نسبت به عواملی که منجر به موفقیت و رضایت شغلی می گردند . در این راستا ویژگی‌های مختلف هر یک از مشاغل از جنبه‌های مختلف مالی ، اجتماعی و سایر محدودیت‌ها مورد بررسی قرار می گیرند .

۳-یجاد سازش منطقی بین خصوصیات شخصی و شرایط شغلی که به موفقیت و رضایت شغلی می انجامد .

مشاوره شغلی به عنوان راهبردی موفق در زمینه انتخاب شغل مطرح است .

راه اندازی سامانه مشاوره

استفاده از تجارب و توانمندسازی بازنشستگان به عنوان یک هدف ارزشمند منطبق بر مسئولیت های اجتماعی سازمان ها تلقی می شود . ،راه اندازی سامانه ای به منظور جمع آوری و ثبت مشخصات آن دسته از بازنشستگان محترم که تمایل به همکاری در پروژه های مختلف را دارند و البته از تخصص های لازم نیز بهره مند باشند ،می تواند کاری مفید و سازنده تلقی شود .

بدیهی است این سامانه بانک اطلاعاتی خوبی را در اختیار شرکت ها و مجموعه های مختلف تحت پوشش سازمان قرار می دهد تا حسب ضرورت، مورد مراجعه و بهره برداری شرکت های مختلف و مدیران محترم اجرایی قرار گیرد .

بدیهی است ثبت نام بازنشستگان در سامانه پیشنهادی الزاماً به معنای اشتغال قطعی نیست و این سامانه تنها بستر و زیر ساخت اولیه را برای مستند سازی توانمندی و تخصص جامعه هدف فراهم خواهد آورد .

سخن پایانی

توانمندسازی، دادن قدرت به افراد نیست، افراد به واسطه دانش و انگیزه خود صاحب قدرت هستند و درواقع توانمندسازی آزادکردن این قدرت است.

آنچه با هدف توانمند سازی به نیروهای در حال کار ارائه شود می تواند در دوران پس از خدمت و در بازنشستگی نیز در رشد و ارتقا آنها و کمک به تداوم ارائه خدمت به اجتماع با بهره گیری از تجارب ،مفید و مؤثر باشد .

توانمندسازی ظرفیت های بالقوه ای را برای بهره برداری از سرچشمه توانائی های انسانی در اختیار می گذارد.

در سازمان توانمند:

- کارکنان نیروی محرکه اصلی به شمار می روند
- این کارکنان هستند که با احساس هیجان، مالکیت، افتخار و احساس مسئولیت بهترین ابداعات و افکار خود را پیاده سازی می کنند

مفهوم توانمندسازی چیزی بیشتر از اختیار درکار است و مدیران بایستی با به کارگیری برخی از جنبه های خوشایندی درجهت رسیدن به اهداف سازمان فعالیت کنند، اگر مدیران خود عنوان کنند که کارکنانشان را توانمند کرده اند نباید امیدوار بود که توانمندی واقعی رخ داده باشد مگر اینکه افراد ثالثی صحت این موضوع را بیان کنند، زیرا مدیران در ارزیابیهایشان از کار کارکنان واقعیتها را بیان نمی کنند.

درهر حال رهبران نمی توانند پیروانشان را توانا کنند مگر اینکه با آنها همدل و همراز باشند و با ایجاد انگیزه به آنها روحیه و دلگرمی بدهند و خود با آنها درستکار، وفادار و واقعیت گرا باشند.

آنها در مرحله اول باید صداقت داشته باشند. بسیاری از این مدیران در رفتارشان اصالت ندارند و هنگامی که در رابطه با توانمندسازی بحث می کنند، خود را مشارکت گرا می دانند اما درعمل روش رهبری آنها کاملاً استبدادی است.

توانمندسازی مستلزم نوع متفاوتی از رفتار اخلاقی و اجتماعی و به کارگیری ابزارهای کارگروهی و مشارکتی و سهولت دسترسی به منابع اطلاعاتی و بهره برداری از روابط اخلاقی دوجانبه دربین کارکنان و در یک کلمه مدیریت براساس صداقت است.

منابع و مراجع:

1. روزنامه دنیای اقتصاد
2. نشریه موج چهارم
3. نشریه عصر فناوری اطلاعات
4. فریاد تنهایی، دیوید رایزمن
5. موفقیت درمانگر، فیلیپ ریف
6. مدیر یک دقیقه ای، کنت بلانچارد
7. در جستجوی برتری، پیترز و واترمن
8. تئوری Z، ویلیام اوچی
9. هنر مدیریت ژاپنی، ریچارد پاسکال و آنتونی آتوس
10. صمیمیت و درستکاری، تریلینگ
11. www.iran-hre.com
12. www.kardanan.com
13. www.hamyaran.org